PUM
ZAS

Ep, un moment d'atenció!

Aquest llibre conté dues cançons:
«Per Nadal» i «Tots junts aquí».
Busca-les a YouTube...
O baixa-te-les directament a:
agusandmonsters.com combeleditorial.com

Casp, 79 – 08013 Barcelona
Tel.: 902 107 007
combeleditorial.com
agusandmonsters.com

Autors representats per IMC Agència Literària SL.

Disseny de la col·lecció: Estudi Miquel Puig

Segona edició: novembre de 2017
ISBN: 978-84-9101-290-0
Dipòsit legal: B-18911-2017
*Printed in Spain*
Imprès a Índice, SL
Fluvià, 81-87 – 08019 Barcelona

# BON NADAL, ESTIMATS MONSTRES!

JAUME COPONS &
LILIANA FORTUNY

combel

# 1

# UN NADAL DE PRIMERA

Tot semblava perfecte. Marxàvem de vacances de Nadal carregats amb els treballs que havíem fet durant el trimestre i, evidentment, amb els llibres que ens havia preparat l'Emma. I, si teníem en compte que no ens havien posat deures i que el Dr. Brot i en Nap feia dies que se n'havien anat de viatge, tot feia pensar en un Nadal de primera. I, tot i així, la Lídia i jo vam sortir enfadats de l'escola. Molt enfadats!

Bon Nadal, nens! Però..., es pot saber què us passa?

Que què ens passava? Ens passava que havíem recollit els treballs i ens acabaven de donar les notes. Tots havíem fet per parelles un estudi i una maqueta d'un invent, i va resultar que mentre els altres havien tret unes notes increïblement bones, la Lídia i jo havíem aprovat pels pèls.

EL MOMENT EN QUÈ LA MESTRA ENS VA DIR QUE APROVÀVEM PELS PÈLS

Sí, Agus, però no és gaire realista pensar que va a la velocitat de la llum, o que es pot reduir per posar-te'l a la butxaca i... En fi, sou molt infantils!
Però, i el disseny?, i els colors? I tota la imaginació que hi hem posat?
Us aprovaré perquè ara ve Nadal, però, però, però..., feu pena!!!

Era increïble! Tots els nostres companys de classe havien copiat invents absurds que havien trobat a Internet i tots havien tret unes notes boníssimes. I nosaltres, que havíem estat imaginatius i havíem treballat de valent, havíem aprovat per pena!

## ALGUNES DE LES BURRADES QUE ELS NOSTRES COMPANYS VAN COPIAR D'INTERNET

PARAIGÜETS PER NO MULLAR-SE LES SABATES ELS DIES DE PLUJA

ULLERES AMB EIXUGAPARABRISES

ROTLLE DE PAPER HIGIÈNIC DAMUNT DEL CAP PER PODER MOCAR-SE

ALLARGADOR DE CULLERES

I tots aquests invents han aprovat amb bona nota!
No hi penseu més... L'any que ve serà un altre any!
Quina bestiesa acabo de dir! Però què els podria dir?
És injust! Grrrrr...

Tot i que vam arribar a casa enfadats, estàvem disposats a cantar una nadala que l'Octosol feia dies que volia que cantéssim per celebrar el Nadal. Però com que vam trobar els monstres una mica atabalats, vam passar de tot, vam deixar el Falcó Extrem damunt la taula i vam preguntar als nostres amics què els passava.

I, és clar, com bé diu el seu nom, porta un missatge!
Així que la nostra cançó de Nadal la deixem per a més endavant, oi?
Exacte, Octosol!

El missatge del colom, a més de ser una mica estrany, ens va deixar una mica intranquils.

Benvolguts Sr. Flat i companyia,

m'adreço a vostès perquè em trobo en una situació extrema. El món té un problema! Un tros de problema! Estem a un pas de quedar-nos sense Nadal. I, repassant manuals i llibres, he arribat a la conclusió que només vostès poden salvar aquest Nadal. La cosa és terrible, el Pare Noel, els Reis d'Orient, la Befana, l'Olentzero i tots els repartidors de regals han decidit que aquest Nadal passen de tot!!! O ho arreglen vostès o això no ho arreglarà ningú. A mi els regals tant me fan, però em sembla que serà la fi del Nadal. No han notat el mal rotllo que s'està començant a respirar pertot arreu? És urgent! Decideixin alguna cosa i facin-m'ho saber avui a les dotze de la nit al parc de davant de casa seva.
Atentament o no,

Italo Pepperland. It, per als amics. Italo Pepperland

Hi havia moltes preguntes sense resposta i es van produir unes quantes discussions entre nosaltres.

Vam sortir al carrer per veure si ens tocava l'aire una mica i aclaríem les idees. I vam poder comprovar que, en efecte, hi havia molt mal ambient. Però el que ens va sorprendre més va ser que el colom missatger ens seguia a tot arreu.

Mentre caminàvem, ens adonàvem que els pares estaven enfadats amb els fills, els clients amb els botiguers, els policies amb la gent del carrer... Hi havia tant de mal rotllo que vam decidir que el millor que podíem fer era tornar a casa.

No vull insistir, perquè ja veig que m'estic fent pesat, però estic segur que si cantéssim la nostra nadala, això contribuiria a canviar les coses i animaria la gent...

# 2

# A LES DOTZE, AL PARC

Per fer passar el temps fins a les dotze de la nit, després de sopar vaig agafar *Quan el Grinx va robar el Nadal!*, un dels llibres que l'Emma ens havia deixat, i ens vam posar a llegir...

I el Grinx és molt divertit! Està com una cabra!
Va, calleu una mica. I tu llegeix, Agus!

*Quan el Grinx va robar el Nadal!* és una història molt senzilla. El Grinx és un ésser estrany amb un cor molt petit que viu als afores d'una ciutat. No li agrada que se celebri el Nadal i per això es dedica a robar la decoració nadalenca i els regals de la gent. Ell es pensa que així no hi haurà Nadal. Però quan s'adona que la gent segueix celebrant-lo, sense regals ni decoració, el cor se li engrandeix. Llavors torna els regals i és rebut cordialment per tota la ciutat.

Ara mateix miraria la pel·lícula que va protagonitzar en Jim Carrey i la producció de dibuixos animats que va doblar el gran Boris Karloff.
Sí, ja! I de cantar la nostra cançó, què?

A les dotze de la nit, quan els meus pares dormien, encara emocionats per la lectura del *Grinx* vam anar a recollir la Lídia a casa seva i vam baixar al parc. Aquest va ser el moment en què el colom missatger ens va abandonar. El més curiós és que, tan bon punt vam arribar al parc, un esquirol va venir a seure al nostre costat.

A veure si això serà una broma de mal gust i resulta que estem fent el ximple!
Un moment, un moment, un moment...
Què et passa? Què tens?
Explica't, Agus!

El que em passava era que m'adonava que, segons el que havíem llegit a *Quan el Grinx va robar el Nadal!*, si la manca de regals i decoració no podia impedir que el Nadal existís, això volia dir que, malgrat el missatge del tal It, podíem estar tranquils. Però no tothom ho veia d'aquella manera...

L'esquirol ha parlat!!!
Què?!?
Com?!?
El que faltava, que els esquirols parlin!

Va resultar que aquell esquirol era l'It! I el colom que ens havia portat el missatge també havia estat ell. Segons ell mateix ens va explicar, no tenia una forma fixa, sinó que anava adoptant les que li agradaven o bé les que necessitava. I la veritat és que no em va semblar estrany, perquè quan convius amb deu monstres...

I davant dels nostres ulls, en menys d'una dècima de segon l'It es va transformar en..., en alguna cosa que s'assemblava molt als monstres!

I quasi al mateix temps que va dir que no s'acabava de sentir còmode, l'It es va tornar a transformar.

I, per tercera vegada, l'It es va transformar davant nostre amb tota la facilitat del món. I aquest cop l'ooohhh! que vam fer va ser immens.

# 3

# LES PARAULES DE L'IT

Un cop ja es va trobar bé en el seu nou cos, l'It ens va començar a explicar el que havia passat i per què ens havia demanat ajuda.

## EL QUE L'IT ENS VA EXPLICAR QUE VA PASSAR TRES MESOS ABANS DE NADAL

Jo, com cada any, era al meu taller i ja tenia fetes totes les bosses dels Reis d'Orient, d'en Noel i de tota la colla. Ah, és veritat..., no he dit que jo soc bosser. Sí, faig bosses per a tots els qui reparteixen regals per Nadal.

Els dies anaven passant i se'm va començar a fer estrany que ningú no em truqués per encarregar-me bosses. Per això em vaig decidir a trucar als clients.

Vaig repetir aquella trucada amb uns quants clients i la resposta sempre va ser més o menys la mateixa. Tots estaven empipadíssims.

Com que el que estava passant em semblava molt estrany, vaig decidir visitar els tres Reis, que en aquell moment estaven acampats relativament a prop de casa. I el que em van dir em va semblar increïble.

Uns dies més tard, tots vam rebre una proposta d'un milionari excèntric que ens convidava al Magical Christmas Tour, un viatge arreu d'Europa per relaxar-nos després de tanta pressió i oblidar definitivament el Nadal.

El milionari que ens havia convidat va convocar una reunió per explicar-nos com seria de meravellós aquell viatge. I, com que tothom havia rebut milers de cartes signades per nens que ens deien que érem odiosos i estàvem passats de moda, vam decidir que el repartiment de regals s'havia acabat.

I, finalment, el dia indicat, tothom va pujar a l'autocar per emprendre aquell estrany viatge de Nadal. Bé, tothom excepte en Noel i jo.

Després de l'explicació de l'It, estàvem tots tan excitats que el parc es va convertir en el centre mundial de les crisis nervioses. Però, fos com fos, teníem clar que havíem de posar-nos-hi immediatament.

Quan vam demanar a l'It que ens digués exactament qui havia decidit deixar de repartir regals, ens va dir que tothom. I quan li vam demanar que concretés una mica ens vam espantar. S'hi havien negat Melcior, Gaspar i Baltasar, la Befana, l'Olentzero, el Tió, els Nois Yule, en Noel, els tomte, els bendegums, el Belsnickel, el Ded Moroz, Pere el Negre, la Babuixka i molts d'altres, a més d'una munió d'ajudants i patges.

És més... Que bèstia, que bèstia, que bèstia!

# 4

# SALVEM EL NADAL, PERQUÈ SI NO, QUÈ?

No van fer falta gaires preguntes per adonar-nos que, darrere els fets que ens havia relatat l'It, hi havia el Dr. Brot.

I, per casualitat, tenia un ajudant una mica idiota?
... No, no. Més aviat era un: «Uaahahahahaha!».
Exacte! Completament idiota!
El que ens faltava! Com a mínim ara sabem a què hem de fer front!

Ja sabíem que el Dr. Brot era al darrere d'aquella barbaritat! Però què pretenia? Qualsevol bestiesa! I, per tant, ens feia falta informació abans de poder actuar.

Ja ho he dit. Jo no hi vaig anar, i en Noel tampoc. No és que en Noel no estigués enfadat amb la gent i el món en general, és que no li agraden els viatges organitzats. Se'n va anar ell sol de viatge. L'última vegada que vaig saber-ne alguna cosa estava creuant l'oceà Atlàntic.

A veure, està clar que hem d'interceptar l'autocar del Dr. Brot i aturar aquesta bogeria. Tens l'itinerari i els llocs on s'aturarà?
És clar que sí! Ho tinc tot al meu taller!
I es pot saber per què no ho has portat?
Tu mateix! Jo era un colom missatger! Què volies? Com i on se suposa que havia de carregar una maleta o una motxilla?

Molt bé, doncs abans que res, caldrà anar al teu taller. On és?
Al cementiri del Père-Lachaise !
Què?!? Estàs dient que el teu taller és a París?!?
Exacte! París, França, Europa..., el món! Per ser més exacte, el taller el tinc al subsol del cementiri! Un lloc molt tranquil!

I, tot d'una, les nostres preguntes es van començar a transformar en propostes o, si més no, en quasipropostes.

I aleshores per què no ho has dit?
Ja ho sabeu... Prefereixo que la gent tregui les seves pròpies conclusions. Sempre és millor.

Evidentment, desplaçar-nos per tot Europa era un problema dels grossos. No teníem temps ni cap mitjà per fer-ho! Però aleshores en Brex va sortir amb una idea delirant. Era una idea delirant, però genial, cal dir-ho.

Ho dius de veritat, Brex?
De veritat de la bona! El món no haurà vist mai una nau tan veloç!

I així va ser com el Falcó Extrem es va convertir en la solució. Però, de cop i volta, ens vam adonar que encara hi havia un altre problema, i aquest també era dels grossos.

Aquella nit tots els monstres, menys el Sr. Flat i en Ziro, es van dedicar a construir el Falcó Extrem segons el nostre treball.

En Ziro i en Flat van estar ensenyant a l'It fotos de l'alcalde de Galerna i de l'Emma.

I aquest desgraciat és l'alcalde. L'única explicació que hem trobat que justifiqui que la gent el voti és que els adults són incapaços de reconèixer un tipus corrupte, mentider i aprofitat.
I mira que un nen de tres anys se n'adonaria al cap de mig minut de parlar amb ell.
Realment és un miserable!
Tranquils! No patiu! El tipus és fastigós, però ho tinc tot controlat!

# 5

# IX PREMI INTERNACIONAL PER A JOVES INVENTORS RADICALS

A primera hora del matí, una Emma que no era l'Emma es va presentar a casa meva i va demanar als meus pares que avisessin el pare de la Lídia. Volia comunicar-los una notícia molt especial.

I, introduït el tema del suposat Premi Internacional per a Joves Inventors Radicals, el segon pas va ser dir-los que, sí o sí, havíem d'anar a recollir el premi a Finlàndia, a la seu de l'Associació Internacional d'Invents Desproporcionadament Moderns.

En efecte, poc després que marxés la falsa Emma, el fals alcalde de Galerna va comparèixer a casa i va donar als pares una sèrie d'arguments incontestables.

Poca estona més tard, la falsa Emma tornava a casa per recollir-nos mentre els nostres pares s'inflaven d'orgull patern i matern. Ells van insistir molt a acompanyar-nos a l'aeroport, però la falsa Emma els va dir que no podia ser perquè ens recollia un cotxe oficial i no hi havia lloc per a tots.

Quan vam ser a dos carrers de casa, el nostre cotxe oficial es va transformar en el que era en realitat: el Falcó Extrem. No m'hauria pensat mai que la nostra nau es faria realitat, però és que tampoc no havia tingut en compte que amb els monstres tot era possible!

Quin tros de nau, Brex!
He fet el que he pogut! Una nau humil però avançada mil anys al seu temps!

Segons els meus càlculs, d'aquí a poc més d'uns segons serem a París.
La Torre Eiffel, els Camps Elisis, Montparnàs, el Barri Llatí, el Sena, les creps de llimona...
No et facis il·lusions turístiques! Pensa que hi anem per feina!

Si ens veiés la nostra mestra!
Sí, Agus. És com per fer-nos una selfie i portar-l'hi!

# 6

# UN ITINERARI DE BOJOS

El taller de l'It estava ple de les bosses que aquell any no havia volgut ningú. I no va ser fàcil trobar els papers que buscàvem.

Escolta, It, mentre tu remenes el taller, què et sembla si nosaltres fem un volt pel cementiri?
Sí, sí... Feu, feu..., que jo en tinc per a una estona!

Estic emocionat! Aquí descansen Jim Morrison, Chopin, Apollinaire, Balzac, la Callas...
I Stéphane Grappelli, Oscar Wilde, Édith Piaf...
Ei, i Delacroix, Méliès, Yves Montand i tants d'altres...

Quant de talent! Quantes obres que duraran per sempre!
Algú ha vist l'Emmo?

Tot i el desordre, quan vam tornar al taller, l'It havia aconseguit trobar els papers que buscàvem.

I, en efecte, mentre nosaltres intentàvem entendre els absurds papers del Magical Christmas Tour, va comparèixer l'Emmo.

Mentre devoràvem les creps, vam estudiar l'itinerari i ens vam adonar que era una bogeria de les grosses. Feia deu dies que l'autocar havia sortit de Finlàndia per fer un recorregut del tot absurd que el portava contínuament d'una punta a l'altra del món de manera caòtica. On devia ser, ara?

Aquest viatge sens dubte l'ha pensat un pertorbat!

Sortosament en Ziro va fer els seus càlculs i va determinar que l'autocar havia de ser en un dels tres darrers destins que marcava el tríptic del Magical Christmas Tour.

Etna? L'Etna no és una ciutat, és un volcà!
SICÍLIA
PALERM
ETNA
SIRACUSA

Entre tots vam decidir que començaríem pel primer dels tres destins que en Ziro havia determinat. L'It va agafar un parell de bosses i l'itinerari, i quan ja ens disposàvem a marxar va sonar el telèfon.

Cap problema, Noel! Justament ens dirigim a Siracusa. Primer passarem per la capital de Sicília...
No, no, no! No soc a Siracusa, Sicília! Soc a Siracusa, Nova York!!!
Vaja... Quina contrarietat!
Digues-li que sí, que l'anem a buscar!
Afanya't, que soc a l'oficina del xèrif McGee, que pobre home és un estúpid, i ara em volen portar a la presó... M'han dit que truqui a l'advocat, però passo molt d'advocats, jo! Afanya't, It!

No podíem anar a buscar l'autocar i deixar el Pare Noel tancat en una presó dels Estats Units. A més, la velocitat de la nostra nau feia que ens hi poguéssim plantar en un no res. I vam decidir creuar el món!

En Brex va fer que la nau passés pels Camps Elisis i a prop de la Torre Eiffel, del Sagrat Cor i per sobre del Sena, abans de posar rumb als Estats Units.

# 7

# EL XÈRIF McGEE

Per precaució vam aterrar en un descampat relativament a prop de l'oficina del xèrif McGee, vam reduir el Falcó Extrem i el vaig desar a la motxilla. Feia un fred absolutament esgarrifós i, per sort, l'It es va oferir a fer-nos una bufanda molt especial, perquè segons ell, quan fa fred, s'ha de portar el coll ben protegit.

Increïble: no hi ha temps per cantar la nadala, però sí que n'hi ha per posar-se a fer bufandes!
Mira que està pesat amb això de la cançoneta, eh?
Simplement, tal com jo ho veig, la nostra cançó de Nadal ens donaria ànims i força!

Malgrat la insistència de l'Octosol, i que calia anar a l'oficina del xèrif, l'It es va plantar i es va posar a fer un parell de bufandes, que ell va anomenar «bufagus».

Fos com fos això dels compromisos, era veritat que els «bufagus» de l'It eren increïblement suaus, calents i còmodes, i a més elegants!

Mentre anàvem cap a l'oficina del xèrif vam poder comprovar que als Estats Units les coses no estaven gaire millor que a Europa. La gent semblava permanentment enfadada i l'ambient estava més aviat crispat i enrarit.

Tot i que els monstres anaven dins la motxilla, l'It es va quedar fora perquè vam decidir que passava perfectament per un nen, com nosaltres.

I amb els nostres «bufagus», vam anar cap a l'oficina del xèrif. L'It, la Lídia i jo ens faríem passar pels nets d'en Noel i els explicaríem que tot havia estat un terrible malentès.

El xèrif McGee no és que fos mala persona, simplement era una mica talòs. I la conversa amb ell no ens va portar enlloc.

... Però no és el meu problema. Expliqueu-l'hi al jutge i segur que ell ho veurà clar. Jo només compleixo la llei, i si trobo un senyor gros que puja pel desguàs d'una casa l'he de detenir. I si és un malentès no és el meu problema!
Però és que hem de parlar amb l'avi...
En aquest cas, haureu d'anar a la presó del comtat.
Doncs anem-hi!
No, no! A aquesta hora està tancada. Em temo que fins demà no hi ha res a fer.

Hi ha una cosa que és indiscutible. Moltes vegades les lleis i les normes dels adults són terriblement absurdes. I per això el xèrif McGee estava convençut que feia el que era correcte, però ho estava embolicant tot.

# 8

# VOLTANT PER SIRACUSA

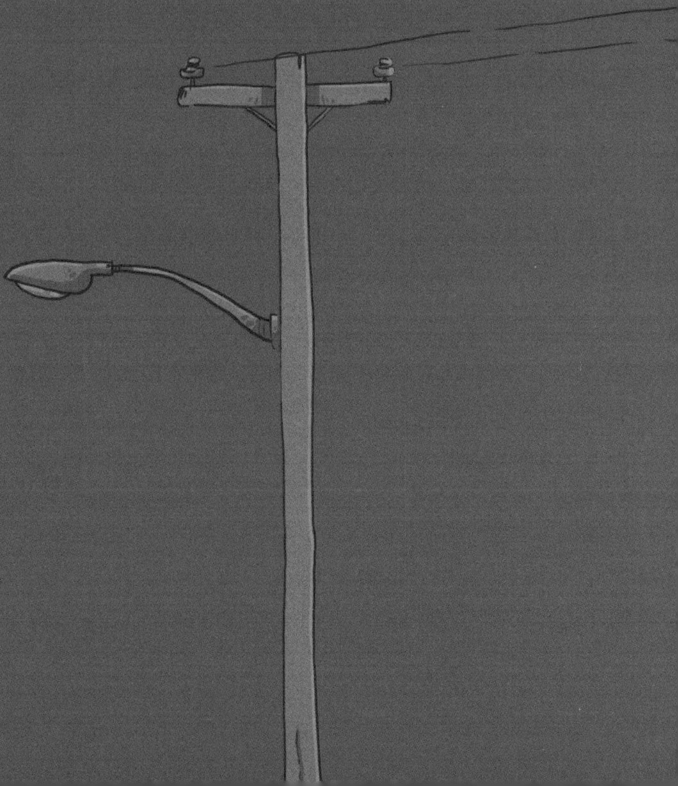

Després de l'absurda xerrada amb el xèrif McGee vam sortir al carrer i en un tres i no res ens vam quedar gelats perquè feia un fred terrible.

Voleu que aprofitem per cantar la nostra nadala!
A tu et sembla que és moment de posar-se a cantar al mig del carrer i sota zero?
STOP
Jo tinc fred, gana, pipí i son...

De cop i volta ens vam trobar davant d'una llibreria de vell on, a més de llibres, tenien un munt de diaris i revistes antics. Hi vam entrar perquè al Sr. Flat, en veure tants llibres, li van brillar els ulls, i perquè s'hi estava més calent que al carrer.

El Sr. Flat ens va llegir el conte i tots vam escoltar aquella estranya història d'en Paul Auster. Segons l'Auster, li havien encarregat un conte de Nadal per al diari *New York Times* i no se li acudia res nadalenc que no fos cursi. Però, de cop, un senyor que regentava un estanc a Brooklyn li va explicar una història. Es veu que a l'estanquer, que es deia Auggie, un dia li van voler robar, i ell va perseguir el lladre pel carrer i va recollir de terra la cartera que li havia caigut al malfactor.

Es veu que l'Auggie va remenar la cartera del lladre i va trobar-hi la seva adreça. I el dia de Nadal es va presentar a casa seva. Però, en comptes del delinqüent, va trobar-hi la seva àvia, que com que era cega el va confondre amb el seu net. L'Auggie, commogut, no li va voler dir qui era, ni li va explicar que el seu net li havia volgut robar. I van fer plegats el dinar de Nadal. En un moment determinat l'Auggie va anar al lavabo i va trobar tot de càmeres fotogràfiques robades i, quan va marxar de casa de l'àvia, se'n va emportar una.

D'ençà d'aquell dia l'Auggie, cada matí a la mateixa hora, plantava la càmera a la cantonada del carrer on tenia l'estanc i feia una fotografia.

Quan el llibreter va tancar la llibreria, no ens va quedar més remei que sortir al carrer, i la veritat és que no sabíem què fer.

Anem-hi?
Som-hi!

# 9

# ROCK'N'ROLL MUSEUM

El viatge i la conversa amb el xèrif ens havien deixat fets pols. I com que estàvem desanimats, cansats i afamats, abans d'anar cap a la presó vam decidir entrar al Rock'n'Roll Museum.

ROCK'N'ROLL MUSEUM

Tan bon punt vam entrar al Rock'n'Roll Museum, vam veure que hi havia un trio tocant dalt d'un escenari i, de cop i volta, la gran sorpresa: darrere la barra hi havia dos vells coneguts nostres, la Sra. Fortunyova i el Sr. Coponòvitx!

SR. BURNS

Quan els vam explicar el que ens estava passant, la Sra. Fortunyova i el Sr. Coponòvitx no van dubtar ni un moment: estaven disposats a fer el que calgués per nosaltres. Sense preguntes, sense que els importés el que els pogués passar.

La Sra. Fortunyova ens va explicar que l'Unreal Peep Band, que era el nom de la banda, passava per un mal moment perquè el baixista i el teclista se n'havien anat.

L'Octosol va agafar de dins de l'Emmo la partitura de la cançó de Nadal dels monstres, es va adreçar al guitarrista de la banda i li va clavar un rotllo immens.

KNS
Si et sembla, la farem en sol major, Octosol!
Sol major és perfecte, Peep!

Mentre en Peep i els seus músics es miraven la partitura, la Sra. Fortunyova i el Sr. Coponòvitx ens van servir un sopar de primera.

Estaríem parlant d'un zero a l'esquerra, s'entén...
Evidentment, no tots els zeros són iguals.
Doncs sí! Podem estar trinxats, però ens hem de refer com sigui, i la cançó de Nadal ens ajudarà!

# 10

# PER NADAL, AMB L'UNREAL PEEP BAND

I ara farem una cançó d'uns amics que han vingut de molt lluny! Una cançó que ells canten cada Nadal, i que han volgut compartir amb nosaltres!
Per a tots vosaltres, «Per Nadal»!!! Amb Fortunyova al teclat i Coponòvitx al baix. I nosaltres som l'Unreal Peep Band!

SR. BURNS
Sé que la cançó funcionarà, ho sé!

De sobte, la nadala dels monstres va sonar amb tota la força. I, òbviament, va funcionar.

Per Nadal
tots ens tornem nens
i no ens fem grans.
Per Nadal
no funcionen les tristeses
que fan mal.
SR. BURNS

Un home ric troba el seu gos,
un refugiat busca una manta,
el meu cervell empaita un cor
per no haver de pensar gaire.

Per Nadal
tots ens tornem nens
i no ens fem grans.
Per Nadal
no funcionen les tristeses
que fan mal.
SR. BURNS

Per Nadal
podríem fàcilment canviar-ho tot.
Per Nadal
podríem si volguéssim canviar el món.

Bravo!!!
Visca!!!
SR. BURNS
Canviem el món! Canviem-ho tot!
Ha funcionat! Ha funcionat!
És clar que ha funcionat!
La música sempre funciona!!!
Anem a rescatar en Noel!!! Va, va, va... Marxem cap a la presó!

Torneu quan vulgueu!
Sou uns monstres!!! Ha estat una gran cançó!!!
Bon Nadal!
Gràcies, Peep, segur que ens tornarem a veure. Bon Nadal!

ROCK'N'ROLL MUSEUM
És la primera vegada d'ençà que vam sortir de Galerna que algú ens ha dit «Bon Nadal»...
Segons els meus càlculs, això només pot ser un bon senyal!

El retrobament amb els nostres vells amics, l'actitud d'en Peep i la seva banda i la nostra nadala ens havien refet l'ànima!

L'It va dir que el fet que la gent faci coses pels altres perquè sí, sense esperar res a canvi, demostra que el món, tot i els seus innombrables defectes, encara és un lloc ple d'esperança. I a tots ens va semblar que sí, que tenia raó!

# 11

# SALVANT EL PARE NOEL

Mentre fèiem el camí cap a la presó, vam valorar diverses possibilitats: que l'Emmo es carregués la porta, que en Hole fes un forat per on poguéssim entrar tots o que en Drílocks es dividís tant com pogués per entrar per allà on fos.

Però, finalment, la Lídia va tenir una gran idea: que l'It es transformés en el xèrif McGee i exigís emportar-se el presoner que ens interessava. I, dit i fet, vam arribar a la presó amb el fals xèrif.

Dos minuts més tard érem a la cel·la del Pare Noel, que, amb el vestit de presoner, semblava qualsevol cosa menys el Pare Noel.

I llavors l'It va giravoltar sobre ell mateix i va recuperar la seva forma de..., de nen monstruós. I el Pare Noel va tenir una gran sorpresa!

Quan vam abandonar la cel·la i ens dirigíem cap a la sortida de la presó, ens vam adonar que els presoners acomiadaven en Noel amb una barreja de respecte i il·lusió que fins i tot ens va emocionar.

303

I de seguida sortíem de la presó per la porta principal i el Pare Noel i l'It ja havien recuperat el seu aspecte habitual, cosa que era molt d'agrair.

Sigui com sigui, nosaltres us ajudarem!!!
I tant que us ajudarem!
STOP

No vam ni pujar al cotxe dels nostres amics. Ens vam acomiadar de la Sra. Fortunyova i el Sr. Coponòvitx i vam emprendre el vol cap a Siracusa, Sicília.

Espero tornar a veure aviat la Sra. Fortunyova i el Sr. Coponòvitx!
Jo també. Alguna cosa em fa sentir-los molt propers.
STOP

Mentre el Falcó Extrem es dirigia cap a Sicília, l'It ens va ensenyar el lloc on se suposava que havíem de trobar l'autocar.

Mentre viatjàvem i el Pare Noel es familiaritzava amb els monstres, no vaig poder evitar fer-li una pregunta: per què no se n'havia anat amb els altres? I la Lídia li va demanar per què s'havia posat a repartir regals ell sol.

## EL QUE ENS VA EXPLICAR EL PARE NOEL

No vaig voler anar al Magical Christmas Tour perquè m'horroritza no poder aturar-me on em ve de gust i no tenir estones per estar sol. Per això vaig agafar en Rudolph i me'n vaig anar a l'altra punta del món.

Quan vaig arribar a Siracusa em vaig acomiadar d'en Rudolph, em vaig treure el vestit i em vaig dedicar a fer turisme uns quants dies.

Però una tarda, mentre passejava, una nena em va reconèixer. En veure'm, els ulls li van brillar com brillen les coses que més brillen en aquest món. No ho sé..., un estel fugaç que navega pel cel, una gota d'aigua travessada per un fil de raig de sol, una cuca de llum a la molsa una nit de desembre...

I llavors vaig entendre que jo era jo i que, passés el que passés, tenia una missió que havia de portar a terme. Per això em vaig posar la roba de feina i vaig començar a repartir regals. Però llavors...

La Lídia i jo vam explicar al Pare Noel que les cartes que havia estat rebent de nens que li deien que era un vell ranci i passat de moda eren cartes falses escrites per un pertorbat i el seu ajudant. I el Pare Noel va fer un somriure...

I mentre el Pare Noel ens explicava el que li havia passat, el Falcó Extrem va arribar a Sicília.

# 12

# SIRACUSA, HOTEL DON VITO

En baixar de la nau vam anar directament a l'Hotel Don Vito, on se suposava que trobaríem la comitiva del Magical Christmas Tour.

Serà un impacte visual, veure'ls tots junts!
Un impacte visual i mental!

Vam trobar els repartidors de regals en una de les luxoses sales de l'hotel. Que el Pare Noel anés amb nosaltres ens donava una certa credibilitat. Però, tot i així, estava clar que tots passaven àmpliament de tot.

Quina pallissa d'home!
Seu i relaxa't!!! Que d'aquí a dues hores ens recull l'autocar i ens porta a l'Etna!!!
A l'Etna? Al volcà?
Sí, el nostre amfitrió ha muntat un sopar just a la boca del cràter. És el súmmum de l'originalitat!
I ves a saber què més es proposa!
Són incapaços d'adonar-se que el Dr. Brot pretén carregar-se el Nadal!

Vam aconseguir que un bendegum, un dels gnoms que en els bons temps ajudaven el Pare Noel, ens fes una mica de cas. I ens el vam emportar al bar de l'hotel per fer-lo xerrar. I no cal dir que el que ens va explicar ens va alarmar.

No es pot dir que costés gaire fer parlar el bendegum. I com que necessitàvem informació, com qui no vol la cosa, li vam anar fent preguntes.

Per acabar, ens interessava saber on podíem trobar el Dr. Brot o, com a mínim, a quina habitació de l'hotel estava allotjat.

Vam sortir de l'hotel per poder parlar tranquils. I tot i que la situació era molt boja i tensa, vam posar fil a l'agulla.

I, com en les millors ocasions, els monstres com més amoïnats estaven millors idees tenien.

Pel que fa als Reis, encara tinc la cançó que vaig compondre aquella vegada que ens vam enfadar entre nosaltres!!! Aquesta cançó és tan infal·lible com la nostra nadala. Si els Reis la senten, s'adonaran que han de fer les paus!
Podem recórrer a l'Unreal Peep Band perquè la cantin.

Ens vam organitzar ràpidament. En Brex, l'Octosol i l'It se'n van anar a Siracusa, Nova York. En Hole i en Drílocks van anar a l'habitació del Dr. Brot i la resta vam quedar-nos allà per llegir el llibre de Dickens.

Però hi havia una cosa que no em treia del cap: l'Octosol havia dit que havia compost aquella cançó una vegada que els monstres s'havien enfadat. I, per més que m'hi esforçava, em costava imaginar-me els monstres realment enfadats.

Sí, Agus. Pensa en tu i en mi, que vam estar barallant-nos i discutint un munt de cursos. I ara som amics!
Va, anem a llegir!

# 13

# EL *CONTE DE NADAL* DE CHARLES DICKENS

La Lídia va començar a llegir en veu alta el *Conte de Nadal* de Dickens. I, en efecte, va semblar que, a poc a poc, els cors dels repartidors es van anar estovant. I és que la història de l'Ebenezer Scrooge, un home que ha oblidat completament el sentit del Nadal i s'ha convertit en un vell avar i esquerp, era ben colpidora.

Si Dickens no els arriba al cor, és que estem perduts.

Malgrat el poc entusiasme inicial del públic, la Lídia va llegir la història de l'Scrooge, el vell amargat i egoista que maltracta tothom i, en especial, les persones que li demanen ajuda.

Just abans de la nit de Nadal, després d'haver-se negat a ajudar ningú i de queixar-se que el Nadal només és una excusa perquè els altres li demanin coses, l'Scrooge s'adorm. En somnis, rep la visita del fantasma del seu antic soci, Jacob Marley, mort temps enrere, que l'adverteix que acabarà fatal, però que encara pot posar-hi remei. I li anuncia que rebrà la visita de tres esperits del Nadal, que li demostraran fins a quin punt està fent-ho tot malament.

El primer esperit que visita el Sr. Scrooge és el fantasma dels nadals passats, que mostra com vivia el Nadal quan era petit, quan era feliç i no estava obsessionat amb els diners. L'Scrooge es commou i recorda que estimava la gent.

S'ha de viure el Nadal com un moment màgic i especial, de pau, amor, companyia, solidaritat... Ah, i bon Nadal als homes i dones de bona voluntat!

El segon esperit, el fantasma del Nadal present, mostra a l'Scrooge la seva realitat actual: ha oblidat completament el que pensava quan era petit. La seva família l'espera per al dinar de Nadal, però ell no hi pensa assistir. Maltracta tothom i tant se li'n dona que la gent ho passi malament. Fins i tot li importa un rave que el seu treballador tingui un fill molt malalt i no tingui diners per curar-lo. L'Scrooge, en veure el que li mostra el fantasma, es commou.

Per acabar, el tercer esperit, el fantasma del Nadal que ha de venir mostra al Sr. Scrooge com serà de sòrdid el seu enterrament després d'haver passat la vida sense estimar ningú ni preocupar-se pels altres.

EBENEZER SCROOGE
Realment, un desastre de vida!

Després de la visita dels tres esperits del Nadal, l'Scrooge es desperta commocionat i disposat a canviar les coses. Decideix ajudar els altres, anar a dinar amb la seva família i ajudar econòmicament la gent que ho necessita i, sobretot, el seu empleat perquè pugui curar el seu fill. Tot això fa que, finalment, fins i tot un vell avar com ell pugui recuperar l'autèntic esperit del Nadal.

En acabar el conte de Dickens, tots els repartidors de regals estaven tous i, per primera vegada, dubtaven del que estaven fent...

# 14

# RETORN AL ROCK'N'ROLL MUSEUM

Mentre nosaltres havíem estat escoltant el conte de Dickens, l'Octosol i companyia van arribar a Siracusa i van anar directament al Rock'n'Roll Museum, on, evidentment, van ser molt ben rebuts.

I es veu que a tot això, l'Emmo es va plantejar exactament el que m'havia plantejat jo quan havia estat al Rock'n'Roll Museum.

Els monstres van explicar a la Noe Merchant i en George Martin, la mànager i el productor, el que ens proposàvem. I tot i que ens pensàvem que ens enviarien a pastar fang, vam tenir una sorpresa molt agradable. Realment eren una gent especial.

A veure... Si els Beatles van salvar Pepperland a *Yellow Submarine*, seria incomprensible que ara nosaltres ens neguéssim a salvar el Nadal! Som-hi!
SR.B
I si els Pink Floyd van tocar a Pompeia, a veure per què l'Unreal Peep Band no hauria de tocar a l'Etna! Oportunitats com aquesta només et passen per davant deu o dotze vegades a la vida! Per tant... Som-hi!
Dona gust trobar gent així!

Malgrat que la proposta era molt boja, cap membre de l'Unreal Peep Band va fer un pas enrere. Van carregar l'equip al Falcó Extrem i van començar a estudiar la partitura de l'Octosol.

Em sap molt greu. No podem venir a tocar a Nova York! Ara mateix marxem cap a Sicília. Ens hi juguem molt!
I així, tu ets en Paul?
No, Pool.
Pol?
No, no: Pool!

I mentre la Lídia llegia el *Conte de Nadal* de Dickens i l'Unreal Peep Band volava cap a Sicília, en Hole i en Drílocks van entrar a l'habitació del Dr. Brot i van trobar tot de fulls guixats i escampats per terra. A priori, es tractava de tot de fulls sense cap mena de lògica ni connexió entre ells.

NO

En un tancar i obrir d'ulls en Hole i en Drílocks van ser capaços de posar en ordre tots aquells papers i van descobrir el macabre i absurd pla del Dr. Brot.

I aquest mecanisme serveix per activar la plataforma i fer que tothom i tot surti volant pels aires! És molt de bojos!!!

Quan en Drílocks i en Hole van explicar-nos el que havien trobat, immediatament ens vam posar en contacte amb la nau.

# 15

# SOTA EL VOLCÀ

Els pocs segons que van transcórrer d'ençà que en Brex ens va recollir a l'Hotel Don Vito i ens va portar a la Villa dell'Oblio els vam fer servir per coordinar-nos aquell estrany equip format per monstres, músics, la Lídia i jo.

Vam pensar que hi havia una possibilitat ben real de trobar el Dr. Brot i en Nap en aquella casa, però la mestressa ens va dir que havien anat al volcà a enllestir els preparatius i que tornarien passades les deu a recollir la comitiva. I el més interessant és que, amablement, ens va obrir la porta de casa seva.

Oblio, simplement, Oblio.
Gràcies, Oblio.

Vam instal·lar-nos al pati d'aquella casa, perquè estava clar que era l'únic lloc on cabríem tots, i l'Unreal Peep Band, amb l'ajuda dels monstres, es va posar a muntar tot el material de la banda.

I com eren, aquests tipus? N'hi havia un que reia fent «uaahahahahaha»?
Sí, exacte!
I l'altre era més aviat burro?
No. Burro, no. Era burríssim!

Pel que fa al que ens va explicar l'Oblio, poca cosa podíem fer. El temps se'ns havia llançat a sobre! I a tot això que va arribar un dels nostres convidats, el rei Melcior, i va tenir una enganxada amb l'It.

...et diré que fa més de dos mil anys vau fer un llarg viatge seguint un estel per tal de portar or, mirra i encens a un nen que acabava de néixer a Betlem!!! Et sona?!? Perquè resulta que és això, el que celebrem!!! Et sona o no!?
Que si em sona? És clar que em sona!!! I, passi el que passi, no ho oblidaré mai més!

Per un moment vam pensar que l'It estava a punt d'embolicar-la ben embolicada. Però l'escridassada que va fer a en Melcior va servir perquè el vell Rei es posés les piles ben posades.

Sortosament, l'autocar no va trigar gaire a arribar i, darrere de l'autocar, van arribar els dos Reis que hi faltaven, evidentment de mala gana i un per cada banda.

# 16

# TOTS JUNTS AQUÍ

La Lídia i jo ens vam oferir com a ajudants d'en Val Grandfather, que per a l'ocasió es va voler encarregar del sol. I l'Octosol es va assegurar que tots tinguessin clara la cançó. Vam tenir un moment de crisi perquè l'Ian Rod, el bateria, havia perdut les baquetes, però per sort l'Emmo en portava unes, per si de cas.

Johnny, fes el favor de no començar a botar per l'escenari, que tot just acabem d'aprendre'ns el tema!!!
No ho puc evitar, Lou!!! Sento dues notes i m'he de moure. Em passa des de petit!
Serà un gran bolo, m'ho diu la intuïció!
No saps com m'està agradant Sicília, George!!!

Quan l'últim dels integrants del Magical Christmas Tour va haver posat els peus al pati, en Peep va fer un acord amb la guitarra i un crit. Llavors tota la banda es va posar a tocar i la Merk va començar a cantar.

Volem cantar aquesta cançó.
Ningú no ens pot aturar.
No te'n vagis lluny d'aquí.

I quan va arribar la tornada, d'una manera ben estranya, com si ens haguéssim encomanat d'una dolça malaltia, tothom es va posar a cantar. I, així, l'amistat i la companyonia es van començar a estendre pertot.

La Lídia i jo ens vam mirar, vam veure que en George Martin i la Noe Merchant ballaven i que la Befana també ballava amb uns follets. I llavors vam saber que la cosa realment anava bé.

Ho sabia, sabia que entre Dickens i la teva cançó, això funcionaria!
Quin gran tema! Quina cançó! No ho dic perquè sigui meva, ho dic objectivament. Si veus que l'èxit em puja al cap, fes-m'ho saber, si us plau!

Quan va arribar la darrera estrofa, l'actitud dels integrants del Magical Christmas Tour ja havia canviat radicalment. I nosaltres estàvem eufòrics. La cançó de l'Octosol, el conte de Dickens i les paraules que havia tingut l'It amb en Melcior havien funcionat perfectament. Però...

Tot era perfecte, però, de cop i volta, vam sentir un crit i tot va canviar novament, però no per millorar!

Ja el tenim aquí!
Ja hi som tots!
SR. BURNS
Ara sí que s'embolicarà la cosa!

# 17

# L'ATAC DEL DR. BROT

Veure'ns feliços, cantant i ballant amb els seus convidats, va fer que el Dr. Brot tingués un atac d'ira.

Evidentment ningú no va moure ni un dit per fer-nos fora, perquè tothom va veure que el Doctor realment no era aigua clara. I llavors el molt ximple va tenir un atac d'ira sobre l'atac d'ira que ja tenia i va mostrar la seva veritable i pertorbadora personalitat.

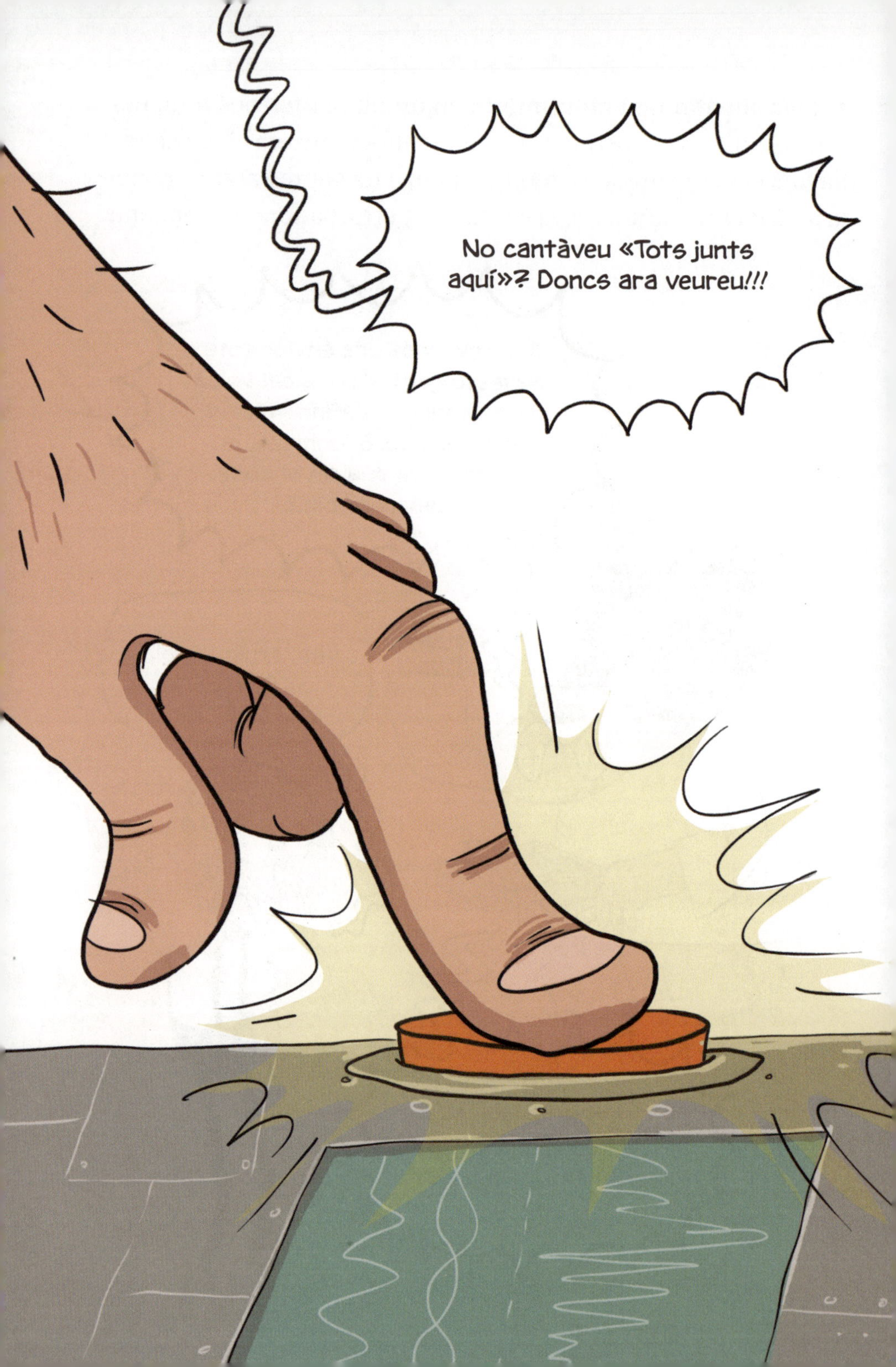
No cantàveu «Tots junts aquí»? Doncs ara veureu!!!

Així que el Doctor va prémer un botó, es van sentir uns sorolls mecànics i de les parets i del terra en van sortir uns ferros amenaçadors.

I, vist i no vist, els ferros que sortien de les parets i de terra van acabar convertint-se en una gran gàbia, amb uns forats per respirar tan petits que no hi cabia ni en Drílocks, per més que es dividís. Tot just hi cabia una formiga. I, justament per això, l'It es va transformar en formiga.

Tot d'una, aquella falsa formiga que havia aconseguit sortir de la gàbia va prendre la forma exacta del Dr. Brot, i evidentment el Doctor es va quedar ben xocat. L'It s'havia convertit en un Dr. Brot perfecte.

L'It va sotmetre el Doctor a tal mareig que el pobre ja no sabia ni qui era. I el millor del cas és que en Nap tampoc no ho tenia clar i es va embolicar de mala manera, cosa que l'It va saber aprofitar.

No estava gens clar qui era el Doctor, però tot d'una en Nap ho va descobrir, perquè només ell podia fer una bestiesa com la que va fer.

I va resultar que el Dr. Brot en empassar-se la clau es va ennuegar i, en un intent desesperat per respirar, va ensopegar amb una pedra i va anar a petar de cap contra una altra pedra.

## LA PINYA DEL DR. BROT EN QUATRE PASSOS

Per sort l'altre Dr. Brot, és a dir l'It, va agafar el Doctor i li va fer la maniobra de Heimlich perquè expulsés la clau, cosa que va fer immediatament, i pogués respirar.

I així va ser com l'It ens va poder treure de la gàbia i ens va deslliurar d'un futur més aviat breu. L'It ens havia salvat a tots, però no volia que ningú li donés les gràcies, volia que ens poséssim a treballar de seguida.

# 18

# NIT DE NADAL, NIT DE TREBALL

La Dra. Veter va examinar el Dr. Brot i ens va dir que es posaria bé, però que havia de fer bondat i repòs.

Args!!! M'ataquen flors de cel·lofana de colors groc i verd!!!
Aquest tipus està fatal!
Aquest home no és ni mig normal!
Jo, des de la pinya contra la pedra, que el veig més persona!

I mentre en Brex anava i tornava, la resta intentàvem organitzar-nos com podíem, tot i que, incomprensiblement, als repartidors de regals se'ls veia molt tranquils.

En Peep ha dit que potser no hi cabríem tots!
Jo diria que, ben atapeïts, sí que hi cabrem!
No patiu, que hi cabem segur!
Potser no serà necessari res de tot això que diuen. No et sembla, Ziro?
Ara t'ho anava a dir, Flat!

És clar que estaven tranquils, els repartidors de regals! Només el Sr. Flat i en Ziro havien tingut en compte la màgia del Nadal. I, en efecte, la màgia va arribar de cop i, així, el pati de la Villa dell'Oblio es va omplir de camells i cavalls, nans de tota mena i de tota mida, i no hi van faltar els rens del Pare Noel, els patges reials i més gent disposada a repartir regals...

És molt d'agrair que hàgiu pensat a ajudar-nos aquesta nit!
Sí, moltíssim...
Però per Nadal la màgia ens acompanya allà on anem!!!
No patiu. Porteu els músics a casa i aneu a celebrar el Nadal amb les vostres famílies!!!

El temps se'ns llançava a sobre, i per això quan va arribar en Brex amb el Falcó Extrem pràcticament no el vam deixar ni aterrar. Vam acomiadar-nos dels nostres amics i, juntament amb la gent de l'Unreal Peep Band, vam pujar a la nau.

Nosaltres vam marxar amb el Falcó Extrem i els nostres amics van fer-ho amb els mitjans més fantàstics i incomprensibles que us pugueu imaginar: camells, cavalls, carrosses, trineus, escombres, motos, patinets... Però abans d'allunyar-nos del volcà, en Brex va disparar un míssil que va destruir totalment la plataforma-taula-trampolí que el Dr. Brot havia deixat instal·lada al cràter de l'Etna. No fos cas que algú hi prengués mal.

Quan vius al costat d'un volcà veus tota mena de coses estranyes, però com aquesta, cap!!! Quina penya!

Tot i la velocitat extrema del Falcó anàvem molt justos de temps, i per això vam deixar l'Unreal Peep Band a la porta del Rock'n'Roll Museum i, finalment, vam posar rumb cap a casa.

Si fos per mi, faríem un concert a Sicília cada setmana!
Dona, tocar a Nova York de tant en tant també estaria bé!
Acaben de marxar i ja tinc ganes de tornar-los a veure!
I jo!
STOP

# 19

# CADA OVELLA AL SEU CORRAL

Vam aterrar al parc, jo vaig desar el Falcó Extrem a la motxilla, juntament amb els monstres, i llavors l'It es va transformar en l'Emma i, camí de casa, ens va fer aturar un moment.

STOP

Però l'It no només havia pensat aquell premi que justificava el nostre viatge i que ens deixava com a herois davant la nostra mestra. Abans de pujar al Falcó, havia trucat a casa imitant la veu de l'Emma per dir als pares que estàvem a punt d'arribar, que avisessin el pare de la Lídia i paressin taula. I, és clar, els pares ja ens esperaven a la porta de casa.

I vostè, Emma, ja veig que ha tingut cura dels nois! Ha quedat clar que es pot confiar en vostè.
Jo, quan dono la meva paraula, dono la meva paraula!

Faria trampes si no digués que la Lídia i jo vam estar contents de ser a casa i retrobar els pares. Realment va ser un gran sopar, i, per descomptat, la falsa Emma es va quedar a sopar amb nosaltres.

Em vaig fer un fart d'inventar tot el que havia passat durant el nostre suposat viatge per recollir el premi. I cal dir que la Lídia i l'It tampoc no es van quedar curts.

Ah, i quan va saber que havíem aprovat pels pèls no se'n sabia avenir, pobre home! Quin disgust que va tenir!
Haurien d'haver vist el munt de presidents i ministres aplaudint l'Agus i la Lídia. Tots dempeus, un aplaudiment de quinze minuts! Quinze!!! Ni setze, ni catorze: quinze!

Quan vam acabar el sopar i la sobretaula, la Lídia i el seu pare van marxar i la falsa Emma també se'n va anar, però ho teníem tot preparat. Dos minuts més tard ja ens esperava a la finestra un colom molt especial. I en Hole es disposava a fer un forat per anar a buscar la Lídia a la seva habitació i baixar al parc.

I una vegada més els monstres em van sorprendre. Jo em pensava que baixaríem al parc per acomiadar l'It, però els monstres també volien fer una altra cosa.

Perfecte, anem a veure en Brot per assegurar-nos que estigui bé. I després acomiadarem l'It! Agafa el Falcó Extrem, Agus.
Com!?! Que anem a veure el Dr. Brot?
De veritat que hem d'anar a veure el Doctor?!?

# 20

# PER NADAL

Poca estona més tard trucàvem a la porta de la casa del Dr. Brot. I ens va obrir en Nap, que va estar molt content de veure'ns!

I ara qui se suposa que és? No són hores d'anar a molestar a les cases honrades!
Sigui qui sigui, fes-lo fora, Nap!

El Dr. Brot, tot i que portava el cap embenat i se'l veia despistat, semblava tan enfurrunyat com sempre. Però el que vam fer, i que consti que no n'havíem parlat entre nosaltres, el va deixar paralitzat. Tots vam cridar com un sol home, o més aviat com un sol monstre.

No sabrem mai si va ser perquè encara estava sota els efectes de la pinya que s'havia clavat al cap o perquè es va veure superat per les circumstàncies, però el cas és que, amb un fil de veu molt fluix, el Doctor va dir una cosa que no oblidaré mai.

I no sé què ens va passar, o potser sí que ho sé, que ens vam posar a cantar com bojos...

Que plora,
Doctor?
Calla, home, calla,
que m'ha entrat una
brossa a l'ull!

I després d'assegurar-nos que el Doctor i en Nap estiguessin bé, vam anar al mig del parc. Havia arribat el moment d'acomiadar l'It. I teníem un regal molt especial per a ell: el Falcó Extrem.

Sense vosaltres no ho hauria pogut fer. Vaig pensar que seríeu bons companys, però no podia esperar que ho fóssiu tant.
Si mai he de viure una altra aventura, només demano que sigui amb vosaltres.
I no us penso dir adeu: us dic fins sempre!!!
Ah, i que em regaleu el Falcó Extrem m'ha emocionat! El pilotaré amb responsabilitat i alegria!

El Falcó Extrem es va allunyar guiat per un estel. I en un silenci absolut, no sé dir per què ni com, tots vam saber que el Nadal duraria per sempre.

I BEN AVIAT...
UNA NOVA AVENTURA:

# LA NIT DEL DR. BROT

La història de les maldats del Dr. Brot.
Les seves passions,
les seves manies...,
**I UN MUNT D'EMBOLICS!**

Es pot saber què fas?
Intento entendre per què el Dr. Brot és com és.
No t'hi escarrassis. Hi ha coses que són incomprensibles.
I tu què fas?
Jo preparo un Nadal molt especial!

# SI N'HEM VISCUT, D'AVENTURES! DESCOBREIX-LES TOTES!

Ahhhh
AUCH!